Sonedau Pr...

IWAN LLWYD

MAI 2009

DIOLCHIADAU

I MYRDDIN AM FOD MOR BAROD I GYHOEDDI R GWAITH
MOR DDIRYBUDD. I CATRIN WILLIAMS A BEDWYR AB IESTYN
AM EU GWAITH LLUNIO A DYLUNIO. I R HOLL GRIW ARFEROL
GERAINT, MEI, TWM, IFOR AC EDWYN AM EU CWMNI A U
CEFNOGAETH. I KAREN OWEN AM Y SGYRSIAU DIFYR AM
FEIRDD A BARDDONIAETH. AC I T.H. PARRY-WILLIAMS AM FY
ARWAIN AT FESUR Y SONED.

Argraffiad cyntaf - Mehefin 2009

Cerddi ⓑ Iwan Llwyd
Lluniau ⓑ Catrin Williams
Y gyfrol ⓑ Gwasg Carreg Gwalch
Cedwir pob hawl

Rhif Llyfr Safonol Rhyngwladol - 978-1-84527-250-0

Cynllunio - Almon

Mae'r cyhoeddwyr yn cydnabod cefnogaeth ariannol
Cyngor Llyfrau Cymru

Argraffwyd a chyhoeddwyd gan -
Wasg Carreg Gwalch, Iard yr Orsaf, Llanrwst LL26 0EH
Ffôn - 01492 642031

www.carreg-gwalch.com

**Carreg
Gwalch**

Cynnwys

Yn y drych

I WIL SAM

Flynyddoedd yn ôl roeddwn i'n ddyn blin,
yn rhegi am yr anghyfiawnder mawr,
mae o'n swnio'n ddiniwed rwan, wedi'r drin,
a phetalau gwyw rhosynau ar y llawr;
'dwi 'di tawelu 'chydig, rhyw fath o dyfu'n hen,
mae'n ffrindiau yn llawer hynach na fi,
mae 'na fath o gelwydd tu ôl i bob un gwên,
mae 'na sôn am gyfrinachau ym mhob si:
felly 'dwi ddim am gyfaddawdu,
na phlygu i gadfridogion y drefn,
dim ond cario 'mlaen i wrthryfelu
a chysgod rebeliaid da wrth fy nghefn:
fe af i'r nefoedd tra mae'r gwleidydd hŷn
yn fodlon â lliw 'i adlewyrchiad ei hun.

I AF MAI 2009

Cenedlaethau

'WHAT PASSING-BELLS FOR THOSE WHO DIE AS CATTLE...'

Ar bnawn dydd Gwener llaith yn nhre' Croesoswallt
a'r goleuadau'n fflicran ar y stryd,
a mwg y ceir yn gwneud i fysgar hirwallt
daranu 'Dolig llawen' ar y byd:
dilynai'r cyfnos gamau'r plant o'r ysgol
heibio i fagnel mawr yr ardd goffáu,
a'r blodau'n gwywo ar y dorch hydrefol,
wrth i fis Tachwedd arall ymbellhau;
nes cyrraedd cofeb ar y mur yn llechu
yng nghysgod tŵr Sant Oswallt, lle nad oedd
na blodyn na chofgolofn faen yn sythu
i ddatgan goruchafiaeth grym ar goedd:
dim ond llinellau di-droi'n-ôl y bardd
yn canu cnul y llanciau yn yr ardd.

CROESOSWALLT,
RHAGFYR 2001

HERMETO

Soar y Mynydd

FE FODDWYD CAPEL CELYN
GAN DDYFROEDD LERPWL GYNT,
AC MAE SOAR AM DDIFLANNU
DAN LANW'R MELINAU GWYNT.

Mae gwynt y nef yn sgubo'r hewlydd cul

sy'n llusgo tua'r llecyn drwy bob tywydd,

a daw rhyw fugail heibio ar y Sul

i droi yr allwedd yn y drws o'r newydd;

ac i bererin diarth ar ei daith

mae'r gwyngalch fel goleudy yn cyfeirio

ei drywydd drwy fôr garw'r moelydd maith,

a llygaid llym y barcud yn ei wylio:

ond am fod gwynt y nef mor holl bresennol,

yn sgubo'r eangderau nos a dydd,

fe welodd haid o flingwyr cyfalafol

werth cneifio a chorlannu'r awel rydd:

cyn hir fe welir uwch y capel gwyn

fugeiliaid newydd ar y llethrau hyn.

IONAWR 2002

Cyfrifoldeb

'A chyfrifoldeb pwy 'di rhain?' holodd,
a'r bar yn llawn chwerthin a chyfaredd
plant, y rhai lwcus hynny a gafodd
fore o lud a chlai ar eu bysedd:
tywalltai haul Aber drwy argaeau'r gwydr
yn lifogydd diorwel o belydrau,
i foddi corneli ein ha' bach budr
â llanw'u niwsans, â sŵn eu lleisiau:
'a finnau'n disgwyl cinio mewn heddwch!'
meddai'n swta, cyn mynd 'nôl at ei phaned,
a chodai mŵg ei hanoddefgarwch
o'i sigarét sur tua'r drws agored,
lle'r oedd direidi'r plant yn drydar o hyd,
yn wanwyn o adar, yn wyn eu byd.

CANOLFAN CELFYDDYDAU ABERYSTWYTH,
AWST 2002

Cwmni

Fe ddaru hi haf rhyfedd ar y naw,
rhyw dywydd aflonydd, fel iâr ar d'ranne,
yn methu setlo rhwng yr haul a'r glaw,
a'r niwl yn cymhlethu pob un siwrne:
negeseuon carbwl yn drysu fy ffôn,
goleuadau'n newid heb un rheswm,
a chamerâu'n gwylio pob tro yn y lôn,
yn rhaffu clwydde, yn datod cwlwm;
ond ar ambell i orsaf, rhwng gwawr a gwyll,
fe ddaeth enaid cytun i strymio'r gitâr,
i daro sgwrs ag aderyn diarth,
heb grybwyll y glaw na'r cymylau hyll
ar y gorwel, dim ond rhannu ei siâr
od o obaith ar drên i'r deheubarth.

Y Graig

'NID YW'R GRAIG YN DEALL SAESNEG'

Mae'r cerrig garw ar ei hwyneb hi
yn rhan o ddaear styfnig Penrhosgarnedd,
yn rhan o'r hyn a roddodd gerdd i mi,
yn eiriau wedi'u llunio gan ei thirwedd;
wrth droi dalennau bregus llyfr emynau,
neu hepian yn y seiat a'r cwrdd gweddi,
roedd llwch y sedd yn gwmwl o ddelweddau
ac aur Periw yn lliw yn y ffenestri:
ond segur yw ei hwyneb erbyn hyn,
mae'r tir a roddodd sail i bob gwirionedd
mor hesb â'r fargen olaf ar y bryn -
daw terfyn ar gwmnïaeth llan a llechwedd:
er mai mud y gwagle rhwng y cerrig mwy,
ceir iaith o hyd yn hollt eu creithiau hwy.

IONAWR 2003

SANTO ANTONIO

ER COF AM ALI JAARA

Mae'r flwyddyn yn ei henaint erbyn hyn,
a'r dydd 'di mestyn mwy na dau gam ceiliog,
ar hyd ffordd arall, aeth y doethion syn
yn ôl i graffu ar y nos serennog;
a thrwy'r anialwch maith, o lech i lwyn,
aeth tri ar daith, rhag dial enbyd Herod,
nes cyrraedd tro annisgwyl wnaiff eu dwyn
yn ôl i Balesteina rhyw ddiwrnod:
dyna 'di trefn tymhorau, llanw a thrai,
ymadael a dychwelyd, mynd a dod,
ac am fod tymor arall, fwy neu lai,
yn dweud mai'r hyn a fu yw'r hyn sy' i fod,
aeth un fu 'Methlehem yn cadw'r hedd
adre'n ôl i Gaersalem i agor bedd.

Tŷ Newydd

I DDATHLU DERBYN ARIAN ADNEWYDDU

Mae ysbryd Lloyd George ei hun medden nhw'n

methu cysgu yn yr oruwchystafell,

a'r dylluan wen â'i thy-wit-tw-whw'n

ysgwyd canghennau coeden ei chawell:

mae sgwarnogod bach Bob yn dawnsio jig

a'r Lôn Goed yn garnifal o adar,

mae Wil Sam ym mherfedd rhyw anferth o rig

ac am ei gyrru i'r Ffeddars am fendar:

achos o'r diwedd daeth y newydd hirddisgwyliedig,

ac hirymarhous fel yr ywen:

gall y crefftwyr a'r towyr osod llechi a cherrig

a'r beirdd a'r sgwennwyr hogi eu hawen:

mae 'tŷ newydd' ar y gorwel, a'i seiliau mor siŵr

â ffydd afon Dwyfor yn nhrywydd ei dŵr.

IWERDDON,
GORFFENNAF 2004

Monasterevin

19

AR ACHLYSUR YSGOL HAF FLYNYDDOL
GERARD MANLEY HOPKINS

Mae i bob pentre' ei gyfrinachau:

yn yr ardd sy'n arwain at lan yr afon
mae derwen lle crogwyd ar un o'i brigau
offeiriad a gadwodd gyngor ei galon
a'r gyfrinach na feiddiai ei datgelu:

nid nepell o'r fan mae cerflun mewn carreg
i gofio bardd a ffolodd ar Gymru
ac Iwerddon, a'u troi yn fydryddeg:

trwy ganol y pentre' mae'r lorïau
yn rhuo'u cysgod heibio i ffenest y dafarn,
ac mae'r bysiau ar yr awr yn brysio
i gyrraedd Dulyn cyn iddi nosi heno:

mae'r groes ar y sgwâr yn gywir a chadarn:

mae i bob pentre' ei gyfrinachau.

AWST 2004

La Boca

Tra bod dau yn dawnsio tango ar y stryd
ac awel o'r Iwerydd yn La Boca,
a rhai yn gweld dros orwel pell o hyd,
a gwin fel haul y bore ym Mhatagonia;
tra bod cân a cherdd a thra bod iaith
i eirio'r mymryn gwlith a'r gusan ola',
a thra bod un hen gaucho'n croesi'r paith
a haul y de yn mynd i'w wely'n ara';
tra bod y du yn wyn, a thra bod darlun
yn stomp o baent, tra bod y morfilod
yn cadw'r oed ar ochr bella'r penrhyn,
a thra bod dŵr yn wyrdd yn Nant y Pysgod,
fe fydd yr angylion bychain yn y wal
yn gweld breuddwydion eto'n cael eu dal.

Y Dafarn Las

I NANS

Mae'r coed sy'n creithio'r paith yn nyffryn Camwy
yn dilyn llwybr troellog, cudd ei dŵr,
nid fel coedwigoedd amlwg dyffryn Conwy,
neu ddyfroedd Teifi a Thywi'n syth a siŵr;
o'r lonydd llychlyd ar y pampa uchel
ni welir ond siffrwd eu copäon glas
yn dawnsio tango ara' yn yr awel,
a chyffwrdd â phob symudiad hen, hen iâs:
o'r coed fe godwyd cysgod i rai diarth
a ddaeth yma'n eu tro i groesi'r paith,
i aros lle mae'r cŵn a'r cof yn cyfarth,
i siarad lle mae eto eco'r iaith:
fe bery glesni ei chyfeddach hi
tra bod 'na sgwrs Gymraeg rhwng dau neu dri.

Y GAIMAN,
TACHWEDD 2004

SWˆN YR ACORDION

Mae'r oes aeth heibio'n dal yn siwt y gŵr
sy'n gweini'r gwin 'bnawn Llun yn y bodega,
a'i foneddigrwydd yr un fath 'dwi'n siŵr,
wrth iddo ddiolch eto i'r cwsmer ola':
mae'r bensaerniaeth hefyd yr un fath,
er bod ôl ambell fom ac ambell fwled
yn mesur lle bu'r fyddin fesul llath,
yn ailfeddiannu'r ddinas dan law galed:
gormes sy'n magu gormes, trais a gwanc,
sy'n codi'r cofgolofnau, agor bedd,
mae plismyn arfog yn gwarchod drws y banc,
mae plant â chysgod tlodi ar eu gwedd -
heddiw nid grym y gwn sy' yn rheoli,
ond gormes didrugaredd ein doleri.

Sgidiau

Ar gadw yn y cwpwrdd, pâr o sgidiau,
ac mae'r llwch yn drwch ar eu lleder nhw,
a chreithiau'r holl siwrneiau ar eu gwadnau,
mor fud a digyfnewid â thatŵ:
rhyw dro fe aethon nhw ag o i'r gwaith
ac yntau yn brasgamu'n berffaith fodlon,
ond 'does 'na ddim o ôl cwmpeini'r daith
yn weddill 'nawr o dan y sodlau ffyddlon:
annhebyg iawn y cawn nhw ddefnydd eto,
mae'u blaenau wedi treulio, a 'does 'na'm crydd
yn y cyffiniau yma a all eu trwsio
a dod â'u defnydd nhw i olau dydd:
'does dim mwy trist na'r hyn fu'n wir erioed,
ni chlywir hoelion trymion sŵn ei droed.

Ar drawiad

Ni chafwyd rhybudd, 'roedd y pwll yn llawn

a'r traethau'n torri syched y twristiaid

ar ŵyl San Steffan, cyn i haul y p'nawn

ddod heibio'r fan â'i ddymuniadau tanbaid:

disgleiriai'r môr, fel petae'r sêr i gyd

am dorri'r daith, ar eu ffordd arall adre',

yng nghwmni'r rhai, yng nghornel bella'r byd,

na wyddai ddim am darddiad oer eu siwrne:

ni chafwyd rhybudd, dim ond diffyg treuliad,

ac yna ddirgryniadau'r poenau llym,

yn tynhau, yn gwanhau fesul eiliad,

yn gwisgo, yn gwaedu'r graig nes gollwng grym

y llanw didrugaredd, lle nad yw'r llyw

bellach yn nwylo dyn na dwylo Duw.

Cylchoedd

LERPWL

Mae'n rhyfedd sut mae'r dŵr yn taro'r gwaelod,
er gwaetha'r stormydd a'r cawodydd glaw,
'does ond un ffordd i deithio yn ei hanfod,
mae pawb yn hitio'r llawr 'na maes o law:
ond yn y pyllau mwdlyd, yn y llaid
y cododd pob creadur ar ryw bryd,
fe ddaw rhyw wyrth o lysnafedd eto, o raid,
a daw rhyw fod o rhywle i danio'r byd:
er gwaetha'r hin, er gwaetha'r haul a'i helynt,
er gwaetha pob cyflafan a phob craith,
mae celloedd sydd yn dal â'r rhuddyn ynddynt
i ddal troadau rhyfedd hyn o daith:
ac wrth gyfarfod ar lan pella'r llyn
fe welwn nad gwyn yw du na du yw gwyn.

HERMETO

Mae'n bryd i mi dy ail-fedyddio di,

hen gyfaill hoff sy'n rhannu 'mhoced tin;

mae llygaid Gwalia'n gwgu arnaf i,

a minnau'n rhy ddiniwed i fod yn flin:

wrth imi dy gyflwyno i blant y wlad,

a chanmol d'annibyniaeth wrth fy nghefn,

mae ambell deyrn yn mwmial 'Neno'r tad!'

a phrifathrawes arall yn dweud y drefn.

Mae gen i dun o baent yng nghefn y tŷ,

neu un o'r tiwbiau papur gwyn i guddio cam,

felly dyma ail-goluro dy siaced ddu

cyn bod 'na neb nac oll yn gofyn pam?

A dim ond fi, a fy hen lyfr bach gwyn,

fydd yn deall cymhlethdodau'r pethau hyn.

Mynydd Parys

Mi wn, pan o'n i'n blentyn, i ti guddio
cyrff meirwon yn dy dyllau duon di,
a gwn, o'r lôn bost draw, i mi weddïo
na chawn i fyth fy llyncu gennyt ti:
fe glywais am sach ludw'r copor ladis,
fe glywais am y cyfoeth yn dy dir,
fe glywais am y gwenwyn a'r dŵr piwis,
a gweld dy greithiau coch ar ddiwrnod clir:
ond fum i 'rioed i lawr yn dy berfeddion
yn cropian ar fy mhedwar drwy y twll,
ni theimlais dy lysnafedd na'r coluddion
asidig sy'n cordeddu yn dy bwll:
nes i mi, un mis Medi, ddilyn troed
y gŵr fu yn dy geubal gynta' erioed.

MEDI 2006

Tua'r Gorllewin

Mae 'na orllewin gwyllt yn rhywle o hyd,
rhyw gyfandir dan gyfiawnder y gwn,
rhyw fan i brofi eithafion y byd,
ac i wneud elw o'r anialwch hwn:
rhyw gornel o'r ddaear sy'n dal ar werth,
rhyw gilcyn o dir, rhyw Afghanistan,
rhyw lwyth o bobl sy'm yn nabod ein nerth,
rhyw genedl fel Irac neu Iran:
ac fel yn nyddiau pell y Nafaho,
fe ddown â'n tegwch ein hun gyda ni,
â phob cyfiawnhad, rhoi'u gwlad dan glo
a dileu pob arlliw o'i hanes hi:
a phan ddaw cyfoeth ein byd ni i ben,
awn i sbydu goleuni yr hen leuad wen.

IONAWR 2007

Cyffro

Ar gymer tair afon ar derfyn pnawn,
lle daw'r eogiaid eto ar eu taith,
caf oedi gyda 'ngwydr hanner llawn
a gwylio'r machlud drwy olygon llaith;
wrth i'r cysgodion ledu dros y dre',
ar ambell dŷ, mewn ambell dafarn fud,
mae cyffro hen ddiwylliant gloyw'r lle
yn dal i ddal pelydrau'r haul o hyd:
â'r nos yn cau, gan daenu'i hamdo hi,
fe welais fflach dan wyneb llwyd y dŵr
a lliw fel blodau'r gwanwyn yn y lli,
pererin o'r Iwerydd pell, dwi'n siŵr,
yn dal i gredu rhywsut, â phob llam,
bod fory rhwng Sant Croix a Notre Dame*

* DWY EGLWYS HYNAFOL KEMPERLÉ YN LLYDAW,
UN BOB OCHR I'R AFON.

Bethlehem i'r groes

Nid o'n gwirfodd yr awn ni ar honno,

ar y lôn unig a digwmpeini,

a'n gwadnau a'n cyhyrau ni'n brifo

ar ôl llusgo drwy'r llaid a'r llwch sy' arni:

fe awn am fod rhyw nerth yn ein gyrru

i herio'r gorwel a'i sêr di-gyrraedd,

i adael cesail y mannau hynny

lle na chlywir udo'r un ddychrynwaedd:

i fentro'n sigledig drwy'r tir agored

a'r paith diderfyn, lle mae'r dŵr yn darfod,

i ddringo llethrau'r llechweddau calcd,

drwy'r hafnau a'r cymoedd cul, nes canfod

ar gornel stryd, yn ei wely o wair,

y dyn bach aiff i'r groes, a dechreuad y gair.

EBRILL 2008

Elvis

Ni fyddai'i harddwch o mor hegar heddiw,
a'r brws sebon digidol yn glanhau
pob smotyn hyll, pob cysgod a phob arlliw
o'r cur sy'n cuddio, a'r boen sy am barhau:
ni fyddai'r awgrym yno dan ei lygad
bod deigryn neithiwr heb ddiflannu'n llwyr,
na'r tro dwys oedd ar ei wefus wastad
yn herio'r hunlle' a fu heibio gyda'r hwyr:
fe fyddai o'n glinigol o olygus,
yn ddannedd eira ac yn winedd aur;
â rhes o ddeiamwntiau ar ei drowsus
a botymau bychain arian yn cau'r
balog a fu'n drysorfa gynt i'r genod;
ni fyddai'i feiau'n staen ar ei ryfeddod.

Noswylio

ER COF AM ROY DAVIES, PWLLCORNOL,
A FU FARW YCHYDIG CYN Y NADOLIG

Ac wrth i Wener a Mawrth roi'u golau
ar fanciau annwyl dy diriogaeth di,
ac wrth i'r lleuad fy nilyn tua'r deau
a gwawl ddiarth yn gylch amdani hi;
wrth i lethrau y gogledd ddiflannu
a'r nos aeafol eu hawlio'n eu hôl,
mae 'na atgof yn dal i serenu'n
dyner drwy alar daear a dôl,
y geiriau mor gryf eu cyfansoddiad
a'r straeon oedd mor gydnerth â dy iaith
am firi a mawredd hen gymeriad,
a helyntion holl chwys a gwaed y gwaith:
er na fydd Mawrth na Gwener bore fory
bydd pelydrau d'eiriau di yn dal i dywynnu.

BANGOR,
18FED RHAGFYR 2008

Blws #9

Dy eiriau fel hen winedd marwolaeth,
dy gusan fel y gwin mwya chwerw,
dy gyffyrddiad fel y glaw o Bentraeth
ar y dydd fu'n llawn dagrau hwnnw:
dy wên deg mor simsan â thro'r tywydd
dy goflaid fel cyflwyniad i rhyw gwrs
sy'n ymwneud â chrefydd ac â chelwydd,
sy'n cyffwrdd â leinin isaf y pwrs:
mi fum i yn dy garu di unwaith,
wrth i'r trên o steshion Bangor bellhau,
dy wallt fel yr haul yn rhoi i mi obaith,
a thynerwch y tymhorau'n parhau:
rhyw ddydd fe welaf dy enw'n y sêr,
yr un ar y chwith dan blaned gau, blêr.

TAI NEWYDDION,
EBRILL 2009

Goleuni

Mae'r Gymraeg yn Pencei a'r Awstralia
yn dal i lenwi ochr dywyll y stryd,
ac mae'r bysus i Fangor a'r Blaena'
yn taro heibio'r ffenestri o hyd:
mae hen gledrau'r trên bach yn disgleirio
wrth i heulwen y gwanwyn gario'r dydd,
ac mae'r harbwr yn ddrych unwaith eto
o fordeithiau yr yfory a fydd:
ac er bod hyd a lled y cysgodion
yn mesur ein tymhorau ni i gyd,
mae 'na olau yn dal yn y galon,
ac mae 'na obaith ym mhen pella'r byd,
a bydd straeon Awstralia a'r Pencei
trwy ryw rith a lledrith yn dod i'r fei.

1^{AF} EBRILL 2009

JEGUE